あなたは答えを知っている

ヨグマタ相川圭子

河出書房新社

*

あなたは答えを知っている

＊

目次

＊

I ✳ なぜこの世に生まれてきたのか

この地球上に、遥か昔、
神より命をいただき、誕生しました。
それから数えきれないくらい生まれ変わり、
進化し続けているあなた。
生まれる前のエネルギー体の中に、
遥か昔からの記憶があります。

あなたは、これまでの過去生の中で、
やり遂げられなかったことを
成し遂げるために
生まれてきました。

どうしたら
連続する生まれ変わりから卒業できるのか。
原因と結果の法則（カルマの法則）から、
自由になることができるのか。

気づきでもって、
何がカルマを良くする行為であるかを知り
それを行うことにより、
カルマを良くすれば、
人生がより豊かになります。

あなたがカルマを浄化して楽になっても
忘れないでください。
それは見えないところからの
知恵によるものであることを。

あなたの中に
すべてを知る領域があります。
あなたはそれを見つけるために
生まれてきたのかもしれません。

2 ✳ 子は親を選んで生まれる

あなたが、
まだエネルギーの体であったとき
引き合うエネルギーの両親を
探し当てました。
そのとき、
母親のおなかの中の小さな体に、
あなたの魂が入りました。

両親には、
あなたを選ぶ力はありません。
あなたが、
父親を選び、母親を選んだのです。
両親は愛で結ばれ、
愛が深まり、あなたが生まれました。
両親はとても喜び、
子どもの誕生を、心からお祝いします。
両親が特に意識しなくても、
知らないうちに子どもが授かることもあります。
両親には、あなたを選ぶ力はありません。
あなたが両親を選んでいるのです。

だから、両親はあなたの誕生を、
神の慈悲の力と理解するのです。
そして子どもを手厚く育てていくのです。
そこに親と子の学びがあるのです。

3 ＊ 愛されるよりも愛することを

誰もが、
愛したい、愛されたいと望んでいます。
恋い焦がれる強い愛は、運命の愛です。
あなたは相手に強く惹かれ、
会うと胸がときめき、
言葉を交わすと胸が高鳴り
愛はさらに深くなります。

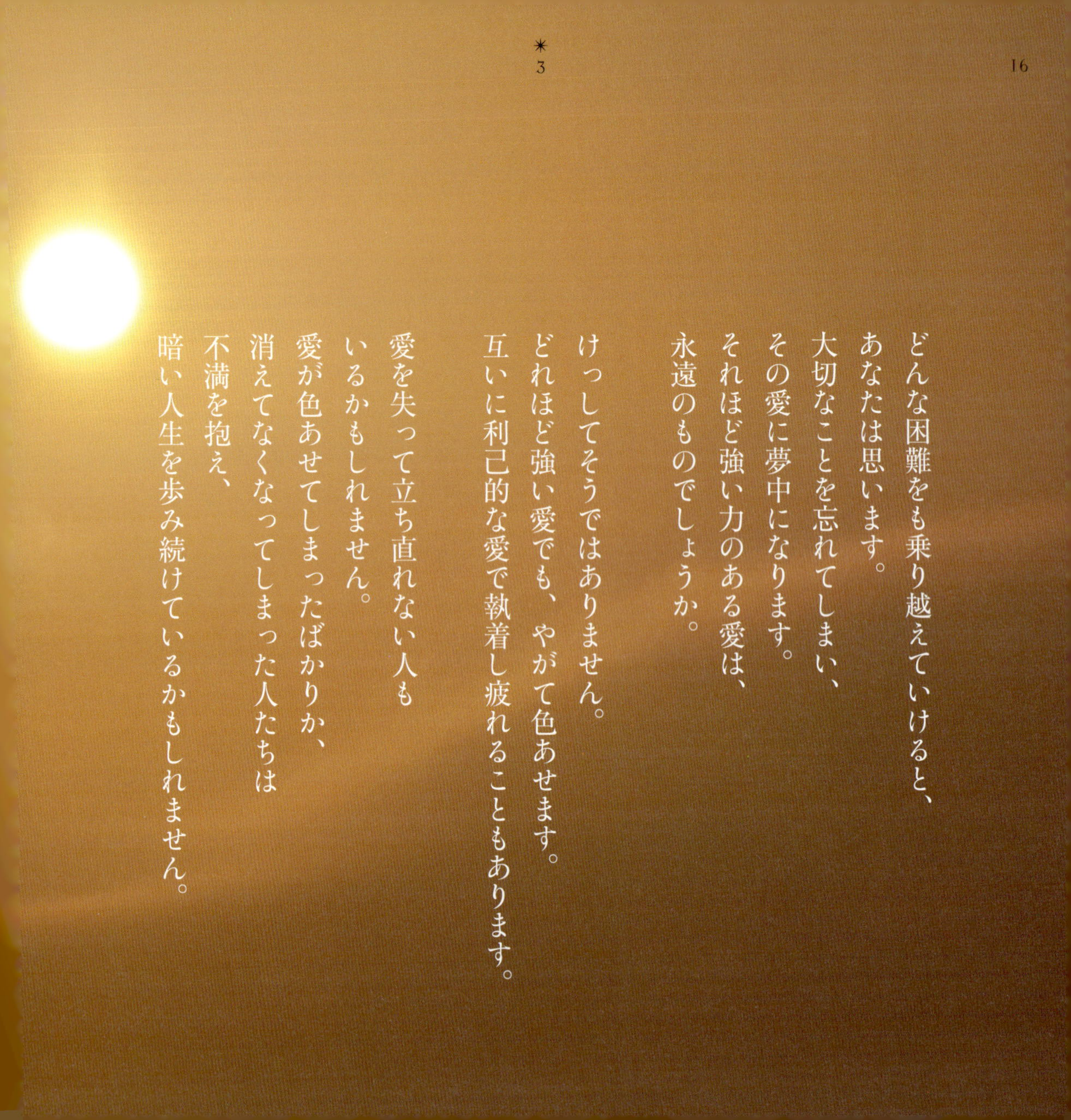

どんな困難をも乗り越えていけると、
あなたは思います。
大切なことを忘れてしまい、
その愛に夢中になります。
それほど強い力のある愛は、
永遠のものでしょうか。

けっしてそうではありません。
どれほど強い愛でも、やがて色あせます。
互いに利己的な愛で執着し疲れることもあります。

愛を失って立ち直れない人も
いるかもしれません。
愛が色あせてしまったばかりか、
消えてなくなってしまった人たちは
不満を抱え、
暗い人生を歩み続けているかもしれません。

そうならないためには、
どうすればよいのでしょうか。
また別の愛を探す人もいるでしょう。
でもあなたが変わらなければ
同じことの繰り返しなのです。

愛を進化させてみたらどうでしょう。
奪う愛から、与える愛に。
さらには無償の愛に。
あなたの愛が「魂の愛」になったとき、
つかのまの愛が、
永遠の愛へと進化するでしょう。

神への愛

通常の愛は、横の関係であり、
奪う愛と与える愛です。
人の愛は、感情的な愛なので、
苦しみをともないます。

神からの愛は、たての愛であり、
価値ある偉大な愛です。
あなたが神を愛することで、
その愛は増大します。

あなたの中には、無限の愛があります。
神に魅力を感じれば、
無限の愛の扉に手をかけることができます。
神を思うことで、愛が強まり、
やがて無限の愛と一体になることができます。

神への愛は信じることです。
信じることは愛することです。

神はいつもあなたを愛しています。
あなたが神を愛することで
それを受け取ることができます。
神はすべてを超えた
深い純粋な存在としてあります。

神は、真理、純粋意識です。
神の愛は無限です。
神の愛は、変化しません。
あなたの神への信頼も
変化することのない愛です。
神を信頼し愛する人には、
アヌグラハがあります。
それは、神の恩寵です。
あなたが神を愛することができますように。

*
3

4 ＊ 魂を信じるように

自分を信じることで、力が湧いてきます。
あなたは何事も無心で行い、エゴを落とします。
そこに無限の力が働きます。
先のことは、まったく心配しません。
与えられたことに、
愛を持って、捧げる心で取り組みます。

あなたはいままで、
自分のエゴを信じ、
まわりを信じなかったかもしれない。
それをバネに頑張ってきたかもしれない。
頑張るというのは、
心の力、エネルギーの消耗です。
頑張っていると、
体と心の限界に突き当たります。

あなたの信じていたものは
目に見え、変化するもの。
お金、人、家、それらはいつかなくなります。

あなたには、
なんでも創りだせる力の存在がついています。
それに気づくだけで、
助けがいただけます。
あなたに命を与えている存在があるのです。

その存在は、あなたに考える力を与えます。
動く力も、成長する力も与えてくれます。
その存在を信じましょう。
その存在は、体ではなく、心でもありません。
魂です。無限の存在です。魂を信じましょう。
その存在があなたを守ってくれます。
生かしてくれます。
マスターがそこにつなげます。

5 ✳ 期待すると扉がひらく

わたくしは
あなたの真の姿を知っています。
あなたは素晴らしい存在です。
あなたには、明日があり、
その明日に期待しています。

だけど、
いまのあるがままのあなたも
愛しています。
あなたには、
考える力があり、
愛する力があります。

過去にとどまることなく前に進む、
進化するエネルギーがあります。
そのあなたの中の
良いものを育てていきます。
あなたの中に
良いものが育つことだけが、
私の喜びです。

ほかには何もいりません。
あなたが美しく成長し、
人生をより進化させてくれれば、
もうそれだけで十分です。
あなたの思いやりを喜びます。
あなたの自信に安堵します。

6 ✳ 許すと満たされる

自信がある人も、自信がない人も、
それぞれに、
あれこれやってほしいと注文します。

やってもらえないと、
相手を責めたり、自分を責めたり。
いずれも苦しみがあります。

ときに大きな被害を受けて、
相手が悪いと苦しみ
いきどおりから、解放されません。

過去生からのエネルギーのバランスなのか
そのことに理解が及ぶこともありません。

人の過ちを責めず、
良いところを見つけましょう。
ときに、まあいいかくらいの気持ちで、
深呼吸することも必要です。

相手を責め、
自分を責めてばかりだと、
息が詰まります。
だめな相手はもちろん、
だめな自分も許すことで
詰まりがほどけます。

意識の進化が必要です。
どのようなものもみんな
あなたの心がつくりだしているのです。

「気づき」で、間違ったものを、
包みこみましょう。
「愛」で、足りないものを、
包みこみましょう。
そして、許しましょう。

神の許し

神は裁きません。
神はすべてを許しているからです。
それなのにあなたは裁くのですか。
大きな愛の人になる、
あなたの学びのチャンスです。

無知でいろいろ人を傷つけたかもしれません。
無知でおごりの心で人を下に見たでしょう。
見えるものを信じ、
神を信じることができませんでした。
どうぞお許しください。
あなたの許しがないと、
わたしはいい人になることができません。

あなたは、すでに許されています。
すべてを許している神に許され
あなた自身に許されています。

そのことを知って、
生きることが、
正しい生き方です。

さらに高次元のエネルギーにつながり
愛を感じ、愛をあふれださせてください。
愛を添えて生きていきます。

7＊祝福するということ

祝福には三つの種類があります。
両親など目上の人からの祝福、
修行者からの祝福、
神とサマディマスター*からの祝福です。

神とサマディマスターからと、
二つ名前がついているのは、
神の祝福は、
橋であるマスターなしには
起きないからです。

＊サマディという神と一体の意識を体験した人

✳ 7

すべてのマスターは、ガーディアン（守護神）になります。
守護神になったサマディマスターは言います。
　良いことを行いなさい
　良い言葉を使いなさい
　良いことを考えなさい
そうして、その人が成功への人生を歩むことを願います。
そのことが祝福なのです。

あなたは大きな力に守られて生かされています。
その見えない存在からの力を信じます。
そこからの祝福は、大きなエネルギーであり、愛です。
あなたを浄化し、満たすエネルギーです。
あなたが幸せになるエネルギーです。

先祖からの祝福は、あなたの幸せを願うものです。
神の恩寵は特別な祝福です。
マスターが、あなたに神の恩寵を呼び込み、注ぎます。

8 ✳ 自由になりたければ

体が健康であることは自由です。
心が健康であることは自由です。
心に知恵が備わるのも自由です。
人によって自由の尺度が違います。

人は、何かに縛《しば》られて生きています。
国の縛り、社会の縛り、親の縛り、
そして自分自身の縛り。

ある人は欲望を追い求め、
自由奔放に、
自分の欲しいものを手に入れました。
感覚の喜び、心の喜びを追求し、
望みをかなえたのです。
でも、それで終わりではありません。
もっと感じたい、
もっと喜びたいと
欲しい刺激は、
どんどんエスカレートしていきます。

まわりが見えず、力が入りすぎ
相手を傷つけ、自分も傷つきます。
まわりに迷惑をかけ、自分自身が蝕《むしば》まれていきます。

無知の仕業《しわざ》、
勘違いの自由です。

お金のあるなし、外見や頭の良し悪しなど、
屈折したエゴに
なったりすることもありますが、
それは囚われであり、
自分を疲弊させます。

自由なあなたに生まれ変わりましょう。
意識が進化した完全なる自由になりましょう。
あなたは自在に自分の心を
コントロールできます。
あなたはあなたのマスターになるのです。

土のように養分を与える自由。
水のように囚われない素直な自由。
火のように燃やして変容させる強い自由。
風のようにどこまでも速く飛んでいく自由。
空のように軽い自由。

あなたは、エゴからも、
欲望からも自由になります。
内側から満たされる
平和で力強い自由です。

9 ＊ 本当の自分につながる

夢すら見ることのない深い眠りのときにも
心臓は動き、呼吸をしています。
体の隅々にまで血液が流れ、
体の隅々から血液が心臓へと戻っています。

それは、目に見えない存在があるからです。

それが魂、本当の自分です。

人は、体だけ、心だけでは生きていくことができません。
体と心を超えたところに魂があり
魂があなたを生かしてくれています。

それなのに、多くの人は魂に感謝をしません。
魂のことを知ろうともしません。

ときおり、魂に出会おうとする人がいます。
その人は悟りへの道を行く修行者です。

修行をして体を超え心を超えると魂になります。
そこで悟りが起きるのです。

外の見えるものだけでなく
あなたの意識を、源に向けましょう。
光を見ます。
それを浴びましょう。
それを少し手放して、光につながりましょう。
魂と一体になり、真の悟りを得るのです。
あなたが光り輝く人生がいまここにあるのです。

10 ✴ 何から逃げるのか

あなたは何かから逃げることはありますか。

過去の失敗を思い出して、
大事な場面で急に逃げだしてしまう。
苦しみを忘れるために、
お酒を飲んでリラックスする。
嘘や言い訳をいったり、
相手の欠点を挙げて自分をよく見せる。
人からの攻撃をかわすために、
自分を責め続ける。

自分を守るための
無意識の逃げがたくさんあります。

自己防衛は、
さし迫った危険から逃《のが》れるための方便です。
それらがよく使われるようになったのは、
人の生活が忙しく
心が複雑になったせいでしょうか。

誰にでも逃げることはあります。
それは悪いことではありません。
そのほかの方法を知らないからです。

あなたが楽になる、
逃げない道があります。
それが気づく道、悟る道なのです。

大事なことに
直面しなければならないときは、
けっして逃げないで、
いま起きていることを、
あるがまま見つめ、受け入れるのです。

恐れが湧き上がってきているさま、
体が緊張しているさまを、
ただ見つめます。
それはあなたのものではなく
やがておさまっていきます。

すべては変化し消えていくのです。
それが静まった後に
真の安らぎ、永遠の平和があります。

II

✳ 無意味なことはない

宇宙は互いに助け合っています。
あらゆることがバランスをとるために
創られています。
すべて必要なことばかりです。
神は意味のないものを
創ったりはしません。

すべてはカルマの法則で生まれ
さまざまな活動が行われ
カルマが尽きると消えていきます。

消えたところは、
何もないのです。
そこは永遠の時です。
変わらないのです。
限界がなく、無限だから、
深い安らぎがあります。
すべてが満ちています。
それを体験すると、
生まれ変わります。
無敵の人になれるかもしれません。

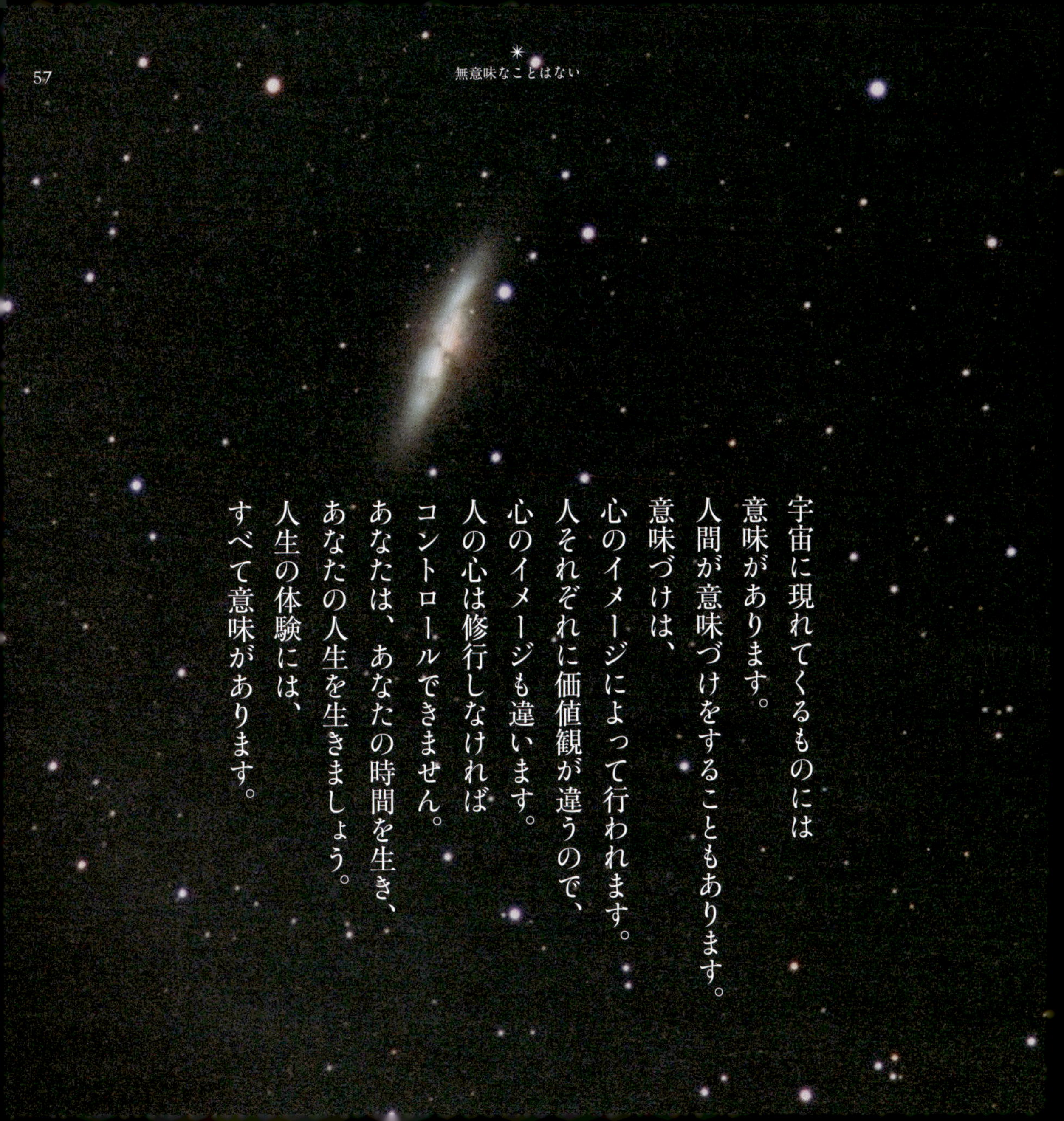

宇宙に現れてくるものには
意味があります。
人間が意味づけをすることもあります。
意味づけは、
心のイメージによって行われます。
人それぞれに価値観が違うので、
心のイメージも違います。
人の心は修行しなければ
コントロールできません。
あなたは、あなたの時間を生き、
あなたの人生を生きましょう。
人生の体験には、
すべて意味があります。

I2

＊

運命を克服するために

あなたの心の中には、カルマの記憶があります。
カルマがあなたの運命をつくっています。
運命を良くするにはカルマを良くしましょう。

カルマは過去生からのものです。
あなたのキャラクターを形成しています。
意志でも心がけでも、
カルマを変えることは難しいのです。
生と死が繰り返されて、
カルマは連綿と刻み込まれていきます。

いまだ現れない
「＊種《たね》のカルマ」というものがあります。
すでに活性化していて
未来に必ず現象が現れるカルマもあります。
このカルマは運命に作用します。
いま起きているカルマも、もちろんあります。
心に気づきがないと、
カルマの影響はさらに増大します。
カルマに翻弄される人生になっていくのです。

人はエゴからのカルマを積んで
不自然になってしまいました。
純粋な心での行為で、
良いカルマを積めば
元のバランスを回復できるのではないでしょうか。
それはカルマが変わるということです。

＊種のカルマとは、活性化していない、現れていないカルマ

瞑想をすると、
より早く運命が良くなります。
それは、真の自己に近づくことが
できるからなのです。

カルマに翻弄されない
人生を歩んでください。
あなたが良い運命を
切り開くことができますように。

13 ✳ 出会うということ

エネルギーには、プラスとマイナス、
陽と陰の出会いがあります。
宇宙も人間も物質も
引きあい反発し、展開し成長します。
人の心の欲望により
カルマの循環が生まれました。

人はエネルギーを交換するために出会います。
カルマのバランスをとるための出会いです。

あなたがいまその人に
たくさんのことをしてあげていたら
過去生においては、
たくさんのことを
してもらっていたのかもしれませんね。

人生は、カルマのストレスで
重くなっていきます。
ヒマラヤの聖者は意識を進化させ
悟りを得る瞑想法をつくったのです。
カルマを浄化し軽くして、力を得る教えです。
神を信頼してパワーを得ます。
カルマの法則を信じるのです。
過去生の悪い縁は良い縁に変えましょう。
美しいカルマで、人は美しい人生をつくります。

しかしこの世界は
永遠に続くものではありません。
それを手放さなければ
ならない日が
すべての人に
必ず訪れるのです。
今生《こんじょう》での日々の出会いを学びに
良い縁にして
カルマを浄化し
来世に備えましょう。

14 ＊ たたかいと平和

平和のときは、
心がリラックスして楽です。
何の心配もなく、
何の恐れもありません。
そんな平和はどこに
あるのでしょうか。

世界平和を誰もが望みます。
この世界平和は、
心のつくりだしたものであり
実際には不可能なのかもしれません。

人類の歴史の中に、
世界平和はあったでしょうか。
それは、雨が降ることに似ています。
雨が降りすぎると、
河川の水があふれて洪水になります。
雨の降る量が少ないと、
干ばつになってしまいます。

私たちは大変な競争社会の中で生きています。
競争することにより、嫉妬や怒りが生まれます。
それが個人のレベルで処理できないくらいに
量が増えると
戦争になってしまうようです。

戦争は、人間の敵であり、平和は友達です。
そのような戦争も、そのような平和も
心がつくりだしたものです。
そのような戦争が人間の世界になければ
人間の世界に
平和もなくなってしまうのかもしれません。

本当の平和があります。
それは神が創り、神が与えてくれた平和です。
神は違いを創りません。分離しません。

そのため競争は起こりません。競争がないのです。
競争のないところに、真の平和が現れてきます。

人が神のような平和を創る可能性があります。
あなたの神聖さを目覚めさせます。
永遠に幸福が続き、平和が続くのです。

それは光明であり、
光明のあとはナッシングネスです。
光明を得たということは、
悟ったということです。

この世界を超えたところに、
何があるのかわかったということですね。
すべてを知り、
すべてを理解すると
リラックスすることができ、
平和になることができるのです。

15 ✳ 死んでも魂は消えない

この世界に現れたものは、
いつか必ず消えます。
人が消えてなくなってしまうだけ
ではありません。
この地球も、
いつかはわかりませんが
必ず消えてなくなります。
その地球が属している
銀河系宇宙も
私たちが生きているときは、
永遠のようであり
不滅のようにも見えますが、
必ず消えてしまいます。

消えることが死ぬことであるならば
地球も銀河系宇宙も死んでしまう存在です。
消えてしまいますが、
なくなってしまうわけではありません。
細やかなエネルギー体になるのです。
その細やかなエネルギー体に
大いなる存在の意志がはたらくと、再び現れます。
目で見えるようになります。
人間ならば「生まれる」ということになります。

目に見えなかったものが
見えるようになることが
生まれるということであるならば
地球も銀河系宇宙も、
死んでも、また生まれてくるはずです。
死んでしまえば、もうそれっきりで、
何もかもなくなるということであるならば
死はとても悲しいものです。

本当のあなたになっていくことで
肉体の死を
おだやかに迎えられる人もいます。

心を離れ肉体を離れ
それらを浄化することで
高次の意識になれます。

人間はすべて、必ず死にます。
ひとりの例外もありません。

✳
15

✳

死んでも魂は消えない

16 ＊ 試練こそギフト

心の思いは、
同質のエネルギーを引き寄せます。
それは、途切れることなく
続くこともあります。
自己の防衛のために
バランスをとっていることが多いのです。

多くの人は、
＊イリュージョンの世界を
さまよい歩いています。
暗闇の中でその都度エゴから
バランスがとれるものを
引き寄せます。
それは悪い流れなので、
変えなければなりません。

無知や恐れ、
悲しみ、怒りで、
同質のものを引き寄せました。
愛するものを手に入れても、
やがて嫌いになります。
好きになり夢中になり、
あきて嫌いになったりもします。
これが繰り返されるのは、
心に翻弄されている姿です。

＊現実でない想像の世界

心には執着があり、変化するものです。
その性質で、自分の中を変えることができます。

人生は苦しみから脱することを
学ぶためにあります。

苦しみは、じつは自分が引き寄せているのです。
気づきがないから苦しいのです。
試練を学びと受けとめられないことが
苦しみを呼ぶのです。

相手の中に神があります。
それを見て尊敬します。
あなたの中も相手の中も同じであるのです。
平等なのです。
神を信じれば、何のトラブルも起きません。
そのようなことを、インドで何度も聞きました。

ほかの人から
幸せをもらいたいというのは、
真理ではありません。
真理を知らないという意味での
「無知」なのです。

17
✳ 永遠の幸福をあなたに

人それぞれ、みんな違った考えを持っています。
それぞれの人の求める幸せの形も違います。

あなたは何が欲しいのでしょうか。
車が欲しい、家が欲しい、洋服が欲しい、
高価な装飾品が欲しいと思うかもしれません。
何でも買えるお金が欲しいと思う人も多いでしょう。

きれいになりたい、才能が欲しい、
みんなに称賛されたい、恋人が欲しい、
家族の幸せが欲しい、子供が成功してほしいと、
願いはさまざまです。
執着するものによって、心の進化によって、
求めるものが違ってくるようです。

過去に満たされなかったことを
満たそうとすることもあります。
それを体験しないと
前に進めないのでしょう。

✳
17

人生は心によって創られます。
多くの人は、心の幸せを考えます。

みんなを愛し、みんなを助けます。
するときっと同じものが返ってくるでしょう。
それにとらわれずに前に進みます。
そうした生き方が幸せなのではないでしょうか。

瞑想を行うと、永遠の幸せへの道が見えてきます。
それは、悟りへの道です。

心が目覚めると、自分で自分をコントロールできるようになります。
それは、思いのままの人生を創ることができるということです。

永遠の存在に出会い、喜びに満ちます。
苦しみのない幸せな人になれるのです。
すべてが解明され、満ちるのです。
それが本当の幸せなのではないでしょうか。

18

✳

神について

神とは「永遠のいま」のことです。
神とは時間であり、命です。
神はすべてを見ていて、
どこからでも見ることができます。
神はあそこにも、ここにもあります。
そこら中にあります。
もちろん、あなたの中にもあります。

神はすべてを知っています。
神はすべてを行うのです。
これが神の原理です。

神は人ではありません。
神は、すべてを超えた存在です。
神は、ただのエネルギーではなく、
すべてのマスターです。
神は、すべてを運営しています。
足がなくても動き、
手がないけれどもすべてを行っています。
何もなしで、すべてを行います。
これが神の性質です。

神は、エネルギーでなく存在です。
神は、すべてを超えた存在です。
神すなわちパラマアートマン[*1]の中に
すべての魂すなわちアートマン[*2]があります。

＊1―大我、至高なる神　＊2―小我、魂、本当の自分

神はあなたの内側にあります。
もし神がいないなら、
あなたは話すことも、見ることもできません。
神は、すべてを創る存在なのです。

神を信じると、
もっと強く、
もっとパワフルになります。
もっと仕事ができ、
もっと生きることができるようになります。

✳
18

19 ✳ 自分を変えるもの

すべての人にカルマがあります。
カルマは過去生からの
行為の結果の記憶が
体と心に刻まれたものです。

カルマを浄化しきって、
そこに現れるのが、
本当の自分です。
いまだ現れていない、
種のカルマも、
過去生からのものです。
それは、通常は
浄めることができないとされています。
しかし、それを新しいカルマに
変えることはできます。
秘法瞑想で、
じつはそれが可能なのです。

*19

カルマを変えることで、
あなたのいまの考えや、
これから行う行為を、
意識的に変えることもできます。
本当の自分に出会えるかどうかは
あなたが自分のカルマを
どうするかにかかっています。

この世で行為して、
記憶されてつくられるカルマを
浄化して良いものにできるとよいわけです。
さらには蓄積されたカルマも
より良いものしていくのがよいのです。

20 ✳ 真の愛とは

愛は、あなたの奥深いところから
湧き上がってきます。
それは、とても純粋なものです。
心の執着から、
愛が生まれることはありません。

愛は、ハートがひらき、湧き上がる、
慈愛の心に、花ひらきます。
あなたは相手の成長のみを願います。
人の成長が自分のことのように嬉しいのです。
ほかには何も欲しくありません。
何も願いません。

それが、無償の愛です。
その無償の愛を捧げます。

そのようなあなたを縛るものなど、ありません。
無償の愛を捧げた相手を縛るものも、ありません。

21 ✳ 偽善から本当の善に

本当の善は、真理からやってきます。
誠実さからやってきます。
真理の人は、変わらない本質から行為します。
どんなときも、どこにいても
真理からの行為ができます。

真理からの行為は、
相手を生かし、相手の命を助けます。
相手を助ける最高の行為は、
自立させることです。
相手の内側に目覚めが起き、
より良い行為をするようになります。
さらには進化する生き方をしはじめます。

あなたはただそれを見守ります。
見返りを求めず期待もしない
無償の愛を捧げます。
そのことにより、
あなた自身もより執着のない、
目覚めた心に進化します。

偽善の多くは、
とても美しい言葉に包まれています。
それは真理からのものではないので、
よくよく見れば
心の損得が浮かんできます。
そのようなものは、
相手を傷つけ、自分を蝕むことになります。

あなたは真理の人になることで、
楽に生きられます。
真実の愛を与えられる人になることができます。
くれぐれも偽善の人にならないように。
そちらのほうが、
結局は苦しくつらく、悲しいことになります。

22

✳

絶望を希望に

大切なものを失ったり、
それが手に入らなかったりすると
大きく絶望します。
そのときこそが、次のステップへのチャンスです。
大いなるものに生かされているあなたは
それを学びとして、大きく飛躍します。

ときには、どのようにしても
何ひとつとして学びにできないことがあります。
そのときは、どうしますか。
大切なものを失ったこと、
それが手に入らなかったことを
諦めましょう。
その事実を、しっかりと受け止め
いったん受け入れましょう。

✴
22

受け入れることによって、
もうそのことは終わったのです。
ひとつのことの終わりがはっきりしたということは
あとくされのない次のステップのはじまりです。

新たなはじまりに、
あなたは希望を持って進むほかありません。
落ち込んでいる暇はありません。
それに、安易に救いを求めてはなりません。

絶望を、次のステップへのチャンスに変えても
絶望を受け入れ、その傷が深く残っても、
あなたは希望を持って飛躍するか
希望を持って進むしかないのです。

祈り瞑想をし、そのエネルギーを人々のために捧げます。
あなたは執着する悲しみの心を超えるのです。
内側が満ち生きる希望につながるでしょう。
あなたが信仰を持つことで救われます。

あなたを生かしている存在、神がいます。
神はあなたを愛しています。
神を信じます。
この与えられた自分の命を愛します。
この心と体に感謝します。
自分のものは何にもない、
いまあるものに感謝します。
それを大切に正しく使います。
希望が生まれます。
あなたは神の近くになるのです。

23 ✳ いちばん大事なこと

何が正しいのかわからないとき
「カルマの法則」を思い出しましょう。
良いことをすれば、必ず良い結果がもたらされます。

気をつけなければならないのは、
良いことをしたからといって
すぐに良い結果がもたらされないこともあることです。

一見良くなさそうな結果がじつは良い結果であることもあります。
それが、ずうっとあとになってわかったりします。

しばらくは、良いのか悪いのかわからないような結果が続いたあと
良い結果が現れることもあります。

良いことをしたのに良い結果が現れないと
せっかちになってしまう人がいます。
それればかりか、「カルマの法則なんて嘘だ」などと言って
信じなくなってしまう人もいます。

✳
23

それは、良くないことです。

どのような相手の中にも、神はいます。
ですから、どのような相手であっても、尊敬しましょう。

そして、その相手の魂が喜ぶ行為を
するようにしましょう。
それは、自分の魂が喜ぶ行為でもあります。

それが正しい行為です。
良い結果をもたらす、正しい行為です。
正しい行為に向かわせる判断が正しい判断です。

24 ✳ 自分らしく生きる

自分らしく生きるとは、
何にも依存しないで、生きていくことです。
自分を愛し尊敬して生きていきます。
自分が何のために生まれてきたのかを
知っていきます。
深い自分の願いを実現するために
成長していきます。
最高の人間になっていきます。

自分がされて嫌なことは人にもしません。
ほかの誰をもいじめません。
ほかの誰に対しても怒りません。
困っている人がいたら
無償の愛を持って向かいあいます。
相手の幸せを願います。

自分らしく生きること。
あなたは、こんな声を聞きます。
この道のずうっと向こうに、
「本当の自分」があるのです。
「本当の自分」に出会うことができたなら
自分になったのです。
あなたは真理を知ったのです。

25 ✳ この世界を愛で満たすには

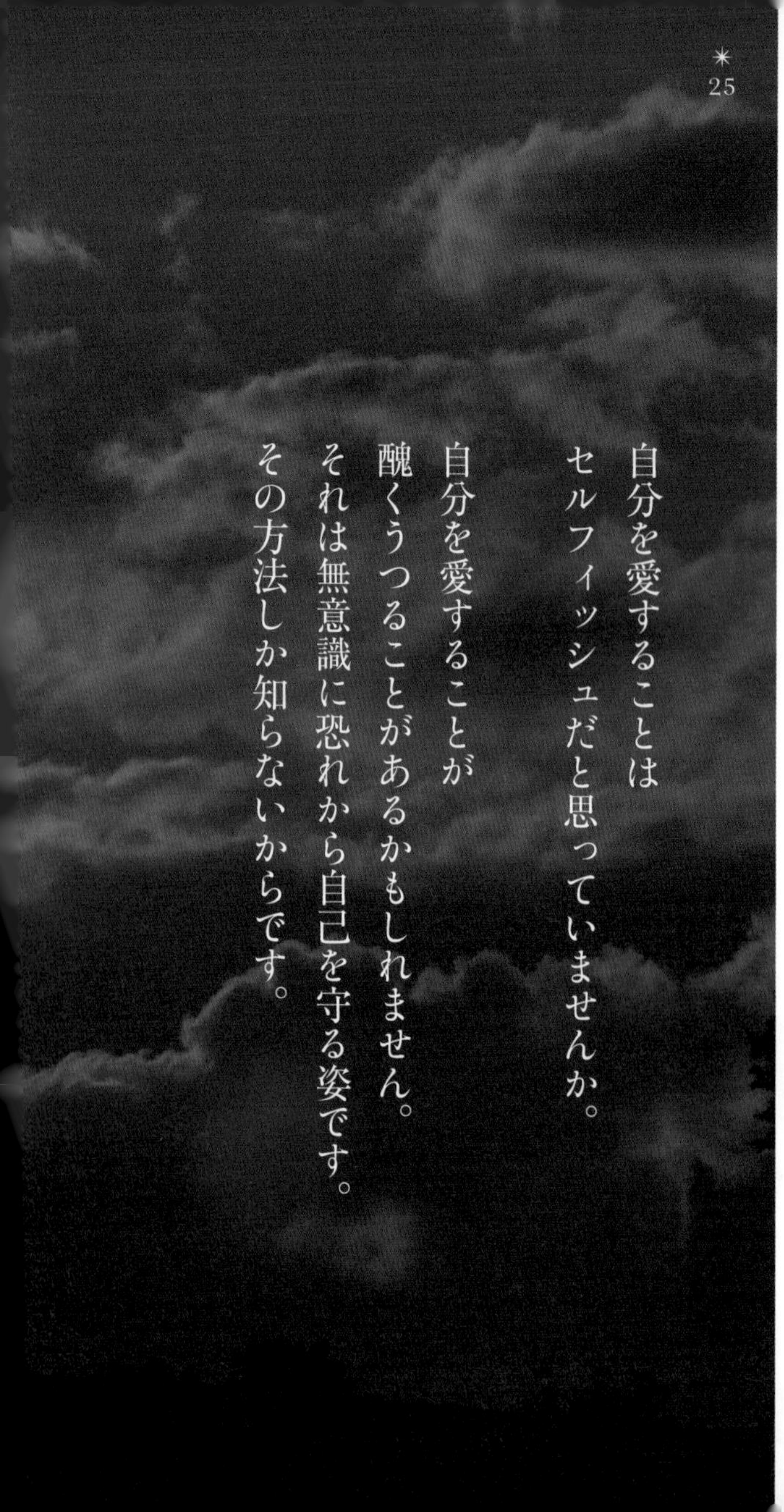

自分を愛することは
セルフィッシュだと思っていませんか。

自分を愛することが
醜くうつることがあるかもしれません。
それは無意識に恐れから自己を守る姿です。
その方法しか知らないからです。

＊
25

神からいただいた体と心が成長するように
恐れからではなく尊敬と感謝から
執着ではなく愛から

病気にならないように、疲れないように
体を外からも内からも浄めましょう。

外からは、体を清潔にし、適度な運動をします。
内には、悪いものが入らないようにします。
良いものを食べます。

良い言葉を使いましょう。
自分の発した言葉は自分に返ってきます。
良い思い方をしましょう。
心が浄められます。

自分に感謝しましょう。
そうすることで、人にも感謝できるようになります。
自分を大切にしましょう。
そうすることで、人を大切にできるようになります。

ときには自分を尊敬しましょう。
そうすることで、人を尊敬できるようになります。

体を愛し、心を愛しましょう。
あなたを生かしてくださっている存在、
魂を愛しましょう。
魂を愛することが、本当の自分を愛することです。

✳
25

おわりに

今回、『ヒマラヤ聖者の太陽になる言葉』に引き続き、この本を上梓させていただきました。

あなたが成長し、幸せになるために書きました。

あなたが素晴らしい存在であることを知って、賢くなり、自立するために、そして、思いやりのある、愛ある人になっていただくために書きました。


究極の悟り、サマディの知恵から書きました。

それはヒマラヤ聖者からのアヌグラハ（神の恩寵《おんちょう》）です。

ヒマラヤ聖者は5000年の昔から、人の内側にある神秘の存在に気づき、真理を体験してそれとともに生きてきました。

わたくしは稀有な縁で、日本人でありながら、この秘密の教えを体験しました。そのために、あなたの中にもたしかにある力を目覚めさせ、曇りを取り除き、その力を引き出すことができます。

本書に書かれているのは、その体験者であるわたくしから真理をやさしく解き明かした言葉です。

ヒマラヤ聖者の英知が、日常のさりげない言葉を通してあなたの魂にまで届きます。


サマディの体験からの愛と知恵とパワーがこの言葉に盛り込まれています。言葉があなたを目覚めさせ、生かします。信じることでパワーをいただけます。サマディマスターからのパワーと愛があなたに届きます。

すべてに感謝します。何の無駄もありません。あなたが何かの力で生かされていることが素晴らしいのです。人生一瞬一瞬が学びであり、あなたはカルマから解放され進化するのです。


あなたの中にある真理は、いつもあなたとともにあるのに、そこに目を向けることなく、心の知識の喜び、人のこと、人間関係のこと、高い低い、早い遅い、あるない、できるできない、そうした多次元の世界のやり取りに翻弄されて消耗して生きています。そこでは力で争い、一生懸命頑張って生きていきます。

＊

確かに才能を発揮して素晴らしい人になることができます。人間の才能は限りないのです。一見、好きなことをして生きていて、そこへの集中はドキドキするでしょう。

でもそこしか見えない人になってしまうのです。何か怪物めいたものになるのです。

それを超える学びがあります。もっと楽になる生き方があります。

あなたの人生は海にそそぐ川の流れのようなものです。どんな急流でも、恐怖もなく流れます。水が素直に何の抵抗もなく任せて流れていくように。信頼してすべてを受け入れる大きな海へと向かい、流れつきます。途中では、そこにある他の生命に水を与え、潤《うるお》しながらただ流れ去ります。人生の途中の葛藤は激流であり、大きな愛と信頼とサレンダー（大いなる力にゆだねる）で溶けておだやかに流れるのです。

ヒマラヤの聖者は自然から多くを学び取りました。それが人間のあるべき姿だからです。人間も自然から生まれたのです。そこに自然の力、神の力が働いています。海はすべてを抱擁し、そこにはすべてを生み出す力があります。あらゆる川の流れを受け入れます。人の人生も、川の流れのようなものです。

あなたが自分の本当の姿を思い出し、それとともにいようとする、それが瞑想です。それをすることであなたの人生が変わりはじめます。

私はあなたがその実践をできるように、瞑想秘法を伝授し助けています。あなたの人生がより安らぎ、輝きを取り戻すために、サマディ（究極の悟り）の知恵をシェアしています。

2016年2月　ヨグマタ相川圭子

*

＊

写真　アマナイメージズ

ブックデザイン　鈴木成一デザイン室

著者略歴

ヨグマタ 相川《あいかわ》圭子《けいこ》

女性として史上初のシッダーマスター（サマディヨギ／ヒマラヤ大聖者の意）であり、現在、会うことのできる世界でたった二人のシッダーマスターのひとり。仏教やキリスト教の源流である5000年の伝統を持つヒマラヤ秘教の正統な継承者。1984年、伝説の大聖者ハリババジに邂逅。標高5000メートルを超えるヒマラヤの秘境にて死を超える修行を重ね、神我一如に長い間とどまる「最終段階のサマディ（究極の悟り）」に到達し、究極の真理を悟る。1991〜2007年の間に計18回、インド各地で世界平和と真理の証明のための公開サマディを行い、その偉業はインド中の尊敬を集める。2007年にはインド最大の霊性修行の協会「ジュナ・アカラ」より、最高指導者の称号「マハ・マンドレシュワリ（大僧正）」を授かる。日本をはじめ欧米などで法話と祝福を与え、宇宙的愛と叡智をシェアしている。人々を真の幸福に導く「ディクシャ」で、サマディの高次元のエネルギーと、瞑想秘法を伝授。日本では真の幸せと悟りのための各種研修と瞑想合宿を開催し、人々の意識の進化と能力開発をガイドする。主な著書に『ヒマラヤ聖者の太陽になる言葉』（河出書房新社）、『思った以上の人生は、すぐそこで待っている』（大和書房）、『宇宙に結ぶ「愛」と「叡智」』（講談社）、『The Road to Enlightenment: Finding The Way Through Yoga Teachings and Meditation』（講談社USA）など。他にNHK・CDセレクション『ラジオ深夜便 ヨガと瞑想の極致を求めて』などがある。

〈問い合わせ先〉
ヨグマタ相川圭子主宰 サイエンス・オブ・エンライトメント
TEL：03-5773-9870（平日10時〜20時）
FAX：03-3710-2016（24時間受付）
ヨグマタ相川圭子公式ホームページ http://www.science.ne.jp/

✳

あなたは答えを知っている

二〇一六年三月三〇日初版発行
二〇一六年四月　一　日2刷発行

著者　相川圭子
発行者　小野寺優
発行所　株式会社河出書房新社
〒一五一-〇〇五一　東京都渋谷区千駄ヶ谷二-三二-二
電話　〇三-三四〇四-一二〇一（営業）
　　　〇三-三四〇四-八六一一（編集）
http://www.kawade.co.jp/
印刷・製本　図書印刷株式会社

Printed in Japan　ISBN 978-4-309-02453-0